中国文化知识读本
Zhongguo Wenhua
Zhishi Duben

报 国 寺

主编 金开诚

编著 喻淑珊

吉林出版集团有限责任公司

吉林文史出版社

图书在版编目（CIP）数据

报国寺 / 喻淑珊编著 .—长春：吉林出版集团有
限责任公司：吉林文史出版社，2009.12（2022.1 重印）
（中国文化知识读本）
ISBN 978-7-5463-1273-6

Ⅰ .①报… Ⅱ .①喻… Ⅲ .①佛教－寺庙－简介－北
京市 Ⅳ .① B947.21

中国版本图书馆 CIP 数据核字（2009）第 223024 号

报国寺

BAO GUO SI

主编/ 金开诚 编著/喻淑珊
责任编辑/曹恒　崔博华 责任校对/刘姝君
装帧设计/曹恒 摄影/金诚 图片整理/王贝尔
出版发行/吉林文史出版社 吉林出版集团有限责任公司
地址/长春市人民大街4646号 邮编/130021
电话/0431-86037503 传真/0431-86037589
印刷/三河市金兆印刷装订有限公司
版次/2009 年 12 月第 1 版 2022 年 1 月第 4 次印刷
开本/650mm×960mm 1/16
印张/8 字数/30千
书号/ISBN 978-7-5463-1273-6
定价/34.80元

关于《中国文化知识读本》

　　文化是一种社会现象，是人类物质文明和精神文明有机融合的产物；同时又是一种历史现象，是社会的历史沉积。当今世界，随着经济全球化进程的加快，人们也越来越重视本民族的文化。我们只有加强对本民族文化的继承和创新，才能更好地弘扬民族精神，增强民族凝聚力。历史经验告诉我们，任何一个民族要想屹立于世界民族之林，必须具有自尊、自信、自强的民族意识。文化是维系一个民族生存和发展的强大动力。一个民族的存在依赖文化，文化的解体就是一个民族的消亡。

　　随着我国综合国力的日益强大，广大民众对重塑民族自尊心和自豪感的愿望日益迫切。作为民族大家庭中的一员，将源远流长、博大精深的中国文化继承并传播给广大群众，特别是青年一代，是我们出版人义不容辞的责任。

　　《中国文化知识读本》是由吉林出版集团有限责任公司和吉林文史出版社组织国内知名专家学者编写的一套旨在传播中华五千年优秀传统文化，提高全民文化修养的大型知识读本。该书在深入挖掘和整理中华优秀传统文化成果的同时，结合社会发展，注入了时代精神。书中优美生动的文字、简明通俗的语言、图文并茂的形式，把中国文化中的物态文化、制度文化、行为文化、精神文化等知识要点全面展示给读者。点点滴滴的文化知识仿佛繁星，组成了灿烂辉煌的中国文化的天穹。

　　希望本书能为弘扬中华五千年优秀传统文化、增强各民族团结、构建社会主义和谐社会尽一份绵薄之力，也坚信我们的中华民族一定能够早日实现伟大复兴！

目录

一、四川峨眉山报国寺

（一）历史沿革

四川峨眉山报国寺坐落在四川省峨眉山市南面的峨眉山麓，离城约7公里，是峨眉山八大寺院之一，也是峨眉山风景区的入口。寺庙座西向东，朝迎旭日，晚送彩霞。前对凤凰堡，后倚凤凰坪，左濒凤凰湖，右挽来凤亭，恰似一只身披彩衣，朝阳欲飞的金凤凰。寺前有一对明代石狮，造型生动，守护着这座名山宝刹。山门上悬有清康熙皇帝御题"报国寺"大匾，字体苍然遒劲，潇洒自如，墨色苍润，灼灼闪光。山门两边柱上有对联："凤凰展翅朝金阙，钟磬频闻落玉阶。"横匾题有："普照禅林""普放光明"，意思是：峨眉山是"大光明山"，昼有神奇的佛光出现，夜有万盏圣灯来朝，全峨眉山都被光明普照。右边"鹤驻云归"，意思是鹤停了，云归山岫，比喻圣地清幽，有着道家的韵味。大门上的联语："独思喻道，敷坐说经"，前者是说靠自己的思维明白佛经的道理，就是佛学讲的"独觉"境界。后者是说高僧大德铺设好法座向弟子讲经说法。

公元1615年（明代万历四十三年），

峨眉山集佛教文化与自然风光为一体

峨眉山冬景

明光道人募化、四川巡抚徐彦、上海道人孙好古、峨眉县令朱万邦捐资卜地在伏虎寺右侧的虎头山下创建了一座寺庙，取名"会宗堂"，意为儒、释、道"三教"会宗的意思。寺里供奉"三教"在峨眉山的地方代表的牌位：佛教始祖释迦牟尼的大弟子普贤、道家创始的化身广成子、儒教的楚狂。相传四川峨嵋山是普贤在中国显灵说法的道场。《峨眉山志》等资料中记载了这样一个传说：东汉明帝永平六年（63年）"六月一日，有蒲公者，采药于云窝，见一鹿欹迹如莲花，异之，追之绝顶无踪"。于是问在山上结茅修行的宝掌和尚，和尚

峨眉山

四川峨眉山报国寺

在峨眉山上观日出
的人们

说是普贤菩萨"依本愿而现像于峨眉山"。
于是蒲公回家后舍宅为寺,自此峨眉山
就发展成普贤菩萨的道场。另有资料说,
是晋代的普公在山上采药时,看见一个老
头骑白象离去。依据这些传说,世人在峨
眉山历代修建寺庙时,都以普贤菩萨为中
心,使之发展成中国佛教四大名山之一。
道教创始的化身广成子,为小说《封神演
义》中"十二金仙"之一,在峨眉山授过
道,据说他隐居在崆峒山的石室中,因为
养生和修道得法,活了1200岁也没有衰
老,他是李老君的化身。儒教的代表是楚
狂,楚狂名接舆,是和孔子同时代的人,

峨眉山报国寺内石碑
题字

后来为回避出仕，隐居峨眉山。他淡泊名利，楚王请他去做官，他装疯不去。他还曾劝说孔子不要热衷政治，在《论语·微子》中有这样的记载："楚狂接舆歌而过孔子曰：'凤兮凤兮！何德之衰？往者不可谏，来者犹可追。已而，已而！今之从政者殆而！'孔子下，欲与之言。趋而辟之，不得与之言。"意思是楚国的狂人接舆唱着歌从孔子车前走过，他唱道："凤鸟啊凤鸟啊！你的德行为什么衰退了呢？过去的事情已经不能换回了，未来的事情还来得及呀。算了吧，算了吧！如今那些从政的人都危险啊！"孔子下车，想和他交谈，

峨眉山黄昏

但是接舆赶快走开了，最后孔子还是无缘
与他交谈。会宗堂的建立，反映了明、清
时期儒、释、道有过一段融洽的历史。

　　峨眉山报国寺在四百年间历经风雨：
明朝未年寺庙被毁，直到清朝顺治年间
（1644－1661年），由行僧闻达重修。
公元1703年（清康熙四十二年），清圣
祖爱新觉罗·玄烨根据佛经中"报国主恩"
的意思，御赐"报国寺"名，并御赐匾额
一方。如今报国寺山门上悬挂的"报国寺"
三字横匾，就是康熙皇帝的御笔。公元
1849年（道光二十九年）毁于一场大火，
咸丰初重建前殿两廊，公元1857年（咸

丰七年)增修中殿,公元1866年(同治五年)由暮春僧广惠扩建。数年的多次修建,使会宗堂成为一座具有四重院落、殿宇恢弘、布局典雅的大寺院。在解放后,寺庙又经过多次维修,1986年又重建了山门。

关于报国寺寺名的来由,在峨眉民间还有另一种传说:在会宗堂更名以前,庙里的和尚都是姓乾的,原因是寺中的长老不允许别姓的人来这儿当和尚。有一年,寺中新来了一个聪明的小和尚。经过几年修行,长老允许这个小和尚经管佛事、去藏经楼阅经书。

一天晚上,小和尚对师父夸赞道:"师

峨眉山山区云雾多,日照少

四川峨眉山报国寺

峨眉山云海景观

父治庙有方，寺中人财兴旺，庙壁辉煌，处处丁是丁，卯是卯，敬香者千千，朝佛者万万，随喜功德，开支不竭，前景辉煌。"长老虽然谦虚说不要徒弟夸他，但想到这些年寺院确实兴旺，便想不如把寺庙装修一番，然后请皇上题庙名，使庙宇增辉。于是修缮工程很快动工，不到一年，会宗堂就焕然一新。

长老和尚上奏康熙皇帝禀报了寺庙的人事、佛事，介绍说寺庙兴旺的原因是不收外姓，同时，请求皇上亲笔题写"会宗堂"寺名。一个月过去了，长老收到康熙提笔的寺名——"报国寺"，字体苍然遒劲，潇洒自如，墨色苍润，熠熠闪光，字字传神，耐观耐赏。长老心中不悦，又呈书皇上，想要问明更改寺名的原因。后来，一知情内务大臣回信道，皇上见了请御题会宗堂信函说："这寺庙怎能以一姓出家为僧，一国都要以百姓为家，如果这样，全国寺庙纷纷效仿，岂不该使百姓之间不和了？"内务大臣又问将该寺改成什么名字，康熙皇帝随手翻了翻《岳飞传》，说："你看，一个老妪都知道教儿子报效祖国，就叫报国寺吧。"

峨嵋山景区大门

从此，"会宗堂"更名为"报国寺"。报国寺收僧时不讲究姓氏了，只要对佛虔诚，愿皈依佛门，经过考查合格后，皆可收下。从此以后，寺庙就更加兴旺了。

（二）佛法初探

弥勒殿

第一殿为弥勒殿，供奉弥勒塑像。"弥勒"是慈悲的意思，他是菩萨，还没有成佛。菩萨在佛教中的地位仅次于佛。释迦牟尼佛说，他灭度后五十六亿七千万年，弥勒才会重降人间。相传弥勒是一尊吉祥的菩萨，他重降人间的时候，地球将会经历许多变化，山河石壁都会消失，大多数土地

报国寺为峨眉山八大寺院之一

成为肥沃的平原，海洋也不会兴风作浪，一年四季里都会风调雨顺，百花开放，万物和宜，产物丰收，果实甘美，人们健康长寿，没有疾苦，也不会遭受任何灾难，人心向善，安居乐业，整个世界将会成为美好的乐园。因为弥勒重降人间的时候会在华林园龙华树下修炼成佛，三次说法，广度众生，所以又被称为"未来佛"。在弥勒殿的门上贴着这样一副对联："看他皤腹欢颜，却原是菩萨化相；愿你清心涤虑，好去睹金顶祥光。"这副对联描写的是弥勒菩萨的形象，并表达了希望所有游山者放下一切烦恼和顾虑，轻松愉快地登上金顶，好去看祥瑞的佛光的美好愿望。

另外一幅对联很有意思地写道："开口便笑，笑古笑今，凡事付之一笑；大肚能容，容天容地，于人无所不容。"这副对联描绘了弥勒菩萨笑容可掬、身材圆胖的亲切形象，也体现了他潇洒大度、无忧无虑的性格特点，同时，也劝导和启迪人们为人处世要心胸开阔，要有容人之量。

弥勒后殿供的是韦驮站像，韦驮是佛教的护法神。相传释迦佛涅槃后，诸天和众王商量火化遗体，收取舍利建塔供养之事。这时帝释天手持七宝瓶，来到火化场说，释迦佛原来未曾答应给他一颗佛牙。

峨眉山雪景

四川峨眉山报国寺

报国寺内的古树

于是他先取下佛牙，准备带回去建塔供养。没想到有一个罗刹鬼躲在帝释天身旁，乘人不注意，盗走了佛牙。韦驮发现后奋起直追，将罗刹鬼抓获，取回了佛牙。诸神赞扬他能驱除邪魔，保护佛法，所以韦驮是身穿甲胄，右手托山，左手持金刚降魔杵，威武刚强，正气凛然的形象。

大雄宝殿

第二殿是大雄宝殿，殿里供奉着释迦牟尼金身彩饰坐莲像。释迦牟尼是公元前6世纪后期印度迦毗罗卫国（现在尼泊尔境内）释迦部落的一个王子，俗称乔达摩，名悉达多。当时社会动荡，民不聊生，这引起了悉达多的深思，因而出家修行，寻求解脱。他经过六年修行，最后在菩提树下经过七天七夜的禅思静虑，终于大彻大悟，修炼成佛。释迦牟尼的意思是"能仁""能儒""能忍""能寂"等。大雄宝殿的门柱上贴着这样一幅对联："教演三乘，广摄万类登觉路；法传千古，普度众生证菩提。"意思是说：通过佛教的三种途径，引导教化众生走上觉悟之路，达到解脱的目的。还有一副对联是这样写的："秋月朗清空，五夜山风狮子吼；菩萨开

雨中报国寺景观

觉路，千年花雨象王宫。"意思是说峨眉
山秋天的夜晚月色皎洁如水，午夜山风在
山谷间盘旋回荡，就像是雄狮的怒吼。普
贤菩萨在峨眉山（象王宫）向众弟子讲经
说法，开示觉悟，由于讲得精深通透，引
得美丽的繁花从天而降。还有一副对联正
好解释和印证了"鹤驻云归"的优美意境：
"龙归法座听祥偈，鹤傍松烟养道心。"

释迦佛的左龛是泥塑彩绘金身文殊菩
萨像。文殊全称为"文殊师利"，意为妙德、
吉祥。他是众菩萨之首，是智慧的化身，
常协同释迦牟尼宣讲佛法。因为他和普贤
菩萨是释迦牟尼佛的左、右胁侍，因此世
人合称这三位为"华严三圣"。文殊菩萨

峨嵋山报国寺山门

的形象，通常是手持慧剑，骑乘狮子，比喻以智慧利剑斩断烦恼，以狮吼威风震慑魔怨。有一幅对联对他的评价是这样的："智镜高悬施法雨；慧灯遍照应群机。"意思是文殊菩萨用智慧润泽众生。右龛则是地藏菩萨的金身坐莲像。佛经中说地藏菩萨受释迦牟尼佛的嘱托，要在释迦佛灭度后、弥勒佛降生前留在世间，以教化众生，度脱沉沦于地狱、饿鬼、畜生诸道中的众生。因此，他发誓："地狱未空，誓不成佛。"有一幅对联是这样赞颂他度脱沉沦决心的伟大精神的："圣愿宏深，欲使出冥清罪案；迷途觉悟，难教沉溺负慈恩。"

殿内左右两厢供十八罗汉。罗汉是佛的得道弟子,十八罗汉是释迦牟尼佛的随行弟子。后龛内供的阿弥陀佛像,阿弥陀佛又称"接引佛""无量寿佛",是西方极乐世界的教主。大雄殿右侧,为新建的"祇园",是接待国内外佛教团体和讲经的地方。

七佛殿

第三殿叫七佛殿。七佛殿有联一副,其文如下:"功德逾恒河,七宝庄严大千世界;层峰摩霄汉,三峨雄秀伯仲昆仑。"意思是:用珍贵的材料和高尚的法行美化了整个世界,这种功德超过了印度恒河里

峨嵋山报国寺大殿

四川峨眉山报国寺

峨眉山金顶塑像

沙子的数量；大峨、二峨、三峨奇雄险峻，山峰直插云霄，可与巍巍的昆仑山相媲美。殿中供奉着七尊佛像，中间的是释迦牟尼佛，其余六尊从右至左依次为：南无拘留孙佛、南无拘那含牟尼佛、南无迦叶佛、南无毗舍佛、南无尸弃佛、南无毗婆尸佛。七佛皆盘腿坐莲台，体态匀称，庄严肃穆，表情各有变化，惟妙惟肖。七佛殿还有一副禅联是这样写的："觉树开昙花，三世诸佛，慈光普照大千世界同登彼岸；峨眉长灵芽，七尊如来，哀怜摄受亿万众生共证菩提。""觉树"即"菩提树"，"昙花"即"优昙花"，是祥瑞之花。"三世佛"即过去、现在、未来三世佛。"彼岸"即"涅槃"，就是佛教徒圆寂。"灵芽"，泛指具有灵性的花木。"如来"就是循此真理达到佛的觉悟。"摄受"，佛以慈心摄取众生。"菩提"即觉悟。所以意思是：菩提树开着祥瑞的花，三世佛的慈光照耀着整个世界众生，一起到达极乐世界；峨眉长着有灵性的植物，七尊如来佛哀怜接受了亿万众生，帮助他们觉悟。在七佛殿的左壁，挂有"七佛偈"木屏四条，为我国北宋诗人、书法家黄庭坚书，是一件珍贵的文物。左边是"吟翠楼"，上悬"精忠报国"横匾，右边的客房，叫"待月山房"。

七佛殿后，以观音菩萨塑像为主，结合历史故事、民俗文化，塑造了一组群像。观音菩萨右手举杨枝，左手擎净瓶，左右金童玉女，飘然立于荷叶之上。金童旁是戎装裹身的赵子龙，再旁为东、南天王，手执琵琶、宝剑。玉女旁是美髯飘拂的关云长，再旁为西、北天王，执伞、握蛇。另外还有"罗汉伏虎""蒲公采药"，最高处是"唐僧师徒取经像"。群像右侧还有一龛，供奉汉白玉雕刻的药师佛坐莲像。药师佛又称大医王，他是"东方净琉璃世界"的教主。七佛殿右侧，是峨眉山佛教

峨眉山金顶塑像

四川峨眉山报国寺

协会。

七佛殿下矗立一座十四层楼高的紫铜华严塔，为明朝万历年间铸造，高7米。塔身分上、下两部，每部各铸七层楼阁，全塔共分14级。塔上铸有精美的小佛像4700尊和《华严经》全文，佛像历历在目，字迹清晰可见，是中国现存最大铜塔。

寺内还有永乐瓷佛，是明代永乐十三年（1415年）由江西景德镇烧制而成。佛身上有许多小龙，每个小龙中都放有一个小金佛，各具神态。佛像底座为千页莲花，佛身披着千佛莲衣，暗含"一花一世界，千页千如来"的佛像经义。这尊瓷佛体形高大、比例匀称、线条优美、光彩熠熠。

峨嵋山景区牌坊

报国寺

普贤殿

峨眉山报国寺牌坊

最后一殿为普贤殿，供奉的是普贤菩萨。普贤菩萨梵语为"三曼多跋陀罗"，即普遍贤善的意思。普贤因广修"十大行愿"，又称"大行愿王"。殿门上书"金粟庄严便是菩萨住处；昙花灿烂照彻纳子爱心。"意思是：普贤菩萨的住处是用金黄色装饰的；优昙花灿烂的光辉映照着禅僧的爱佛之心。还有一副联语："普济有情，愿王垂慈，宛向峨眉寻妙谛；贤德无量，众生瞻仰，灵冥空寂悟禅心。"意思是说普贤菩萨在峨眉山留下慈悲，帮助众生求得解脱的真理，因此，众生瞻仰菩萨的无限贤德，在空灵寂静时感悟参禅的清静寂

峨眉山报国寺一景

定心境。

　　整个寺庙是典型的庭院建筑，占地60余亩，一院一景，层层深入，蔚为壮观。

（三）文人宝迹

　　一方古刹报国寺不仅因为得天独厚的自然风光和令人叹为观止的雄伟建筑而得名，它还以汇集历代文人墨客的精华之作著称。

　　年代最久的作品是七佛殿内两侧墙壁上宋代著名文学家、书法家黄庭坚的四幅《七佛偈》木刻条屏真迹，元代的作品有书法家赵孟𫖯书写的《王右军兰亭序》大条幅。

　　明代刚正不阿、清廉正直的著名政治家海瑞也题有："举头望明月，放眼看青山。"这副对联表达了一代清官忠臣的广阔胸襟。还有晚明时期最杰出、影响最大的书画家董其昌也在报国寺题下了："天开千里月，人隐四时春"的佳句。报国寺优美的自然景观也吸引了康熙皇帝，他不禁题下了"到处花为语，行时林出泉"的句子。另外，慈禧太后也游赏过报国寺，并留下了"岁岁平安节，年年如意春"的愿望。许多清代的大学者也在报国寺留下了珍贵的墨宝，如吴恒泰的"三思过有限，一笑益无垠"，"大肚能容天下事，善心不染世间尘"。刘咸炘的"遍翻三藏，不过明心，展卷时先要此间干净；历览群峰，由兹起步，登楼者须求向上功夫。"报国寺的优美景色和浓厚的佛家气息让忙碌中的世人生出超脱感和澄净感，难怪中国近代书法史上的书法艺术家、一代书圣于右

峨眉山报国寺古碑林

四川峨眉山报国寺

峨嵋金顶佛像

任会感叹："立身苦被浮名累，涉世无如本色难。"一代革命家董必武也题道："皓月无幽意，清风有激情。"陈毅将军游报国寺时也感叹："江山仍画里，人物已超前。"

"刚日读书，柔日读史。智者乐水，仁者乐山。"1939年3月，近代大文豪郭沫若先生到峨眉山为亡母扫墓，游览了报国寺，赠此联于报国寺。这副对联比喻智慧的人像流水那样洒落，仁善的人像大山那样坚定。他还题下了"杏花疏雨，杨柳轻风，酒兴汹浓春色饱。沫水澄波，峨眉滴翠，仙人风物此间多""雪涛眉下望，云海眼中收""隐约云痕蛾眉暗，沉浮天影沫江流。"等意境优美脱俗的名联佳句。

在其他的文人墨迹中，最为精妙的要

通往峨嵋山金顶的山路

报国寺

峨嵋山罗汉堂佛像

数以下几对楹联：

　　"含宏大海千川受，空洞长天一鉴垂。"——刘孟伉题；"江摇九顶风雷过，云抹三峨日夜浮。"——佚名；"宝刹我再来，忆同学少年、静室辟佛，慷慨犹怀报国志。禅堂僧留坐，观居士老叟、香坛学法，清静恍闻落花声。"——刘昌溥题；"海拔越三千，高凌五岳，碧嶂苍峦，兜罗艳艳映重霄。看萝峰晴云、灵岩叠翠、象池夜月、白水秋风，袅袅晚钟消俗虑，蒙蒙晓雨润洪椿。胜迹任遨游，快赏大坪霁雪，乐听双桥清音，休忘却仙峰探九老，金顶览祥光，尽将峨眉十景收眼底。峥嵘

逾万纪，秀绝瀛寰，霞披彩错，瑞霭缥缥
萦岭际。溯楚狂歌凤，蒲髯追鹿，真人炼丹，
涪翁习静。皇皇功德郁楠林，赫赫神弓诛
孽蟒。道场斯仰慕，欣诵子昂感诗，细研
蒋史山志，须长咏太白半轮秋，石湖广行
纪，会当天下名山注心间。"——刘君照题。
（上联"五岳"，指我国著名的五座大山
的统称，即东岳泰山、西岳华山、中岳嵩山、
南岳衡山、北岳恒山。"晚钟"，即圣积
晚钟，峨眉山十景之一。"晓雨"，即洪
椿晓雨，峨眉山十景之一。"洪椿"，即
洪春坪，古称千佛寺。"大坪霁雪"，峨
眉山十景之一。"双桥清音"，峨眉山十

峨眉山万年寺

报国寺

峨眉山报国寺正门

景之一，"双桥"，指峨眉山千心岭下分跨黑龙江、白龙江之两座石拱桥。"清音"，指牛心岭下的清音阁，由于黑、白龙江合流于阁下，其声激越深沉而名。"九老"，洞名，即九老仙府，峨眉山十景之一，相传黄帝曾在这里打听僧人，遇到一个老头，问："这里有和尚吗？"老头说："有九人。"故后人称洞为"九老洞"。"金顶览祥光"，即"金顶祥光"峨眉山十景之一，"金顶"，是峨眉山之顶峰，是观日出、云海之佳处。下联"万纪"，纪为纪年单位，十二年为一纪，亦有以一代为一纪。"瀛寰"，"瀛"，谓海洋；"寰"，指寰宇，泛指环球。"楚

峨眉山报国寺一角

狂歌凤",指春秋时楚人陆通因不满楚昭王弊政,装疯拒绝做官的故事。"蒲翁追鹿",指东汉蒲公追白鹿至金顶的故事"。"真人炼丹",指唐代医药家孙思邈曾隐居峨眉山炼丹制药。"涪翁习静",指宋代诗人黄庭坚曾到峨眉山中峰寺休养。"习静",谓佛家所谓修行的一种方式,以力

峨眉山报国寺

求摒弃杂念，清净心性。"楠林"，世称
"功德林"，亦称"古德林"。"诛孽蟒"，
传晋代乾明观道士每年三月初三夜，能看
到道观后山岚出现两盏绿灯，中间垂一座
彩桥，故每年送一名当家道士至彩桥处升
仙。宝堂峰明果大师不信此事，在这个地
方埋伏弓箭手，当绿灯、彩桥出现时发箭

峨眉山报国寺远景

射灯和桥。第二天清晨寻踪到白龙洞，发现一条巨蟒死于洞中，才知道绿灯是蟒蛇的眼睛，彩桥是蟒蛇的舌头。"道场"，泛指佛教法事。"蒋史"，指清人蒋超，曾修《峨眉山志》。"太白半轮秋"，出自唐代大诗人李白《峨眉山月歌》有句云："峨眉山月半轮秋，影入平羌江水流。""石湖"，指宋朝范成大，号石湖居士，曾作《峨眉山行记》。这些绝妙的楹联，或从自然风光的角度，或从佛缘情愫的角度，表达了对报国寺的赞美之情。

另外，报国寺还收藏了郑板桥、康有为、张大千、徐悲鸿等名家的墨宝。藏经楼两侧，还收藏着出土的包括春秋战国时期的文物在内的文物、书画、工艺美术品、生物标本等，以及峨眉山全景模型，为游人了解峨眉山提供了丰富的资料。

（四）旖旎风光

报国寺周围有着秀丽的风景，这里峰回路转，云断桥连；涧深谷幽，天光一线；万壑飞流，水声潺潺；仙雀鸣唱，彩蝶翩翩。春季万物萌动，郁郁葱葱；夏季百花争艳，姹紫嫣红；秋季红叶满山，五彩缤纷；冬季银装素裹，白雪皑皑。报国寺周围的建筑主要有：凤凰堡、虎溪精舍、善觉寺、雷音寺、纯阳殿、圣水阁、中锋寺。

凤凰堡，凤凰堡周围碑刻群列，有《峨眉山全景图》《般若波罗密心经》、康有为书的《十里桃花》、刘光弟书李白的《听蜀僧浚弹琴》，还有何绍基、赵熙等名人的墨迹。沿"之"字形坡道上去，便见红柱六角重檐钟亭，亭额悬"圣积晚钟"横匾。钟亭里面的铜钟是明代嘉靖年间别传禅师募资铸造，名叫"莲花铜钟"。高 2.3 米，唇径 2 米，唇厚 10 厘米，重 12500 斤，钟唇为 12 缺荷叶形，钟体铸上了晋、唐以后历代帝王和佛教高僧的名讳，还铸有《阿

峨眉山万佛顶

四川峨眉山报国寺

峨眉山金顶上的高山杜
鹃伏虎寺

含经》经文。佛教认为，钟声可以让人自我反省，检讨自己的过失，规正自己的行为。这口铜钟是峨眉山的佼佼者，被誉为"巴蜀钟王"。

虎溪精舍，距报国寺右1公里就是伏虎寺。"伏虎寺"牌坊下面，就是虎溪了，溪上横架着"虎浴""虎溪""虎啸"三道廊桥。"虎啸"桥的另一头就是"虎溪精舍"了，即伏虎寺。相传伏虎寺建于唐朝，宋朝的时候寺庙周围有虎为患，一个叫士性的和尚修建"尊胜幢"镇虎，从此虎患消除，此后，僧人将寺取名伏虎寺。还有人说是伏虎寺是因为寺后虎头山形如伏虎而得名。明朝末年伏虎寺改名药师殿，后来被大火烧毁。清顺治十八年（1661年）

善觉寺

重建，规模宏大，称为入山第一大观。

善觉寺

与伏虎寺遥相呼应的是善觉寺，善觉
寺原名"降龙院"，由明代万历年间道德
禅师修建。据传，当年康熙皇帝不喜欢"降
龙院"这个寺名，因为虽然"降龙""伏虎"
本是显示佛法为生灵除害的威力，但在他

看来"龙"是帝王的象征，"降龙"是不吉祥的，于是，他根据佛经中"善哉！觉哉！"的意思，便赐名"善觉寺"，从此改名善觉寺。康熙又赐玉印一枚，印刻"普贤愿王法宝"，还赐诗二首，表示对佛门的仰慕。寺中方丈元亨大师则修了一座八角亭，将康熙画像供于亭中，并植柏树一棵，以谢皇恩。

雷音寺

雷音寺距善觉寺 1.5 公里，原名是解脱庵，亦名观音堂。明嘉靖六年（1527 年）无瑕禅师创建，清光绪十年（1884 年）重建。寺名取"佛音说法，声如雷震"的

峨眉山雷音寺

报国寺

意思。这座小寺巧构虚脚吊楼，建在危崖之上，打破了寺庙建筑的正规格局，是一座精巧别致的民间小四合院式的庙宇。

纯阳殿

距雷音寺 2.5 公里就是纯阳殿了，也就是吕洞宾的行宫。山门有对联："起大愿云周法界，如普贤行悟菩提。"传说吕洞宾是唐代京兆人，曾经来过峨眉隐居绥山（二峨山）紫芝洞修道，所以紫芝洞前的纯阳楼才是吕洞宾的主殿。明万历十三年（1585 年）由四川御史卫赫瀛创建，崇祯六年（1663 年）四川监察御史刘宗祥又加以修葺，改名为"纯阳吕祖殿"。清初，

纯阳殿

四川峨眉山报国寺

圣水阁

道士绝迹，道教的纯阳殿由佛教的和尚接管，不过仍叫"纯阳殿"。纯阳殿玲珑古雅，后倚赤城山，前瞻金顶，可观晴云雨雾。殿前古楠银杏，遮天蔽日，即使酷暑盛夏，亦无炎热之感。

圣水阁

在纯阳殿的左侧3.5公里处有圣水阁。圣水阁得名于阁下有一个小水池，泉水从山谷中溢出，名为"神水""玉液"，相传"神水"能治病。明万历末时叫"神水庵"，清初才改名为"圣水阁"，也称"神水阁"。圣水阁四周树木、山石、池、泉构成优美的山水园林。池畔有一巨石，上面刻有"大峨"二字，据说是吕洞宾刻上去的。阁前有隋时智凯大师的衣钵塔。关于智凯大师与"神水"的不解之缘，还有一个小故事：智凯大师在峨眉山修行，喝惯了圣水阁的神水。后来他到湖北荆门玉泉寺当住持，非常思念这神水。有一天他在参禅入定时，见到老龙王，龙王说愿为他引来神水。智凯大师不信，说："如果寄存在中锋寺中的钵盂和锡杖能随水而来，我才相信。"后来，果然玉泉洞口的流水中出现了大师的钵盂和锡杖。

中峰寺　　　　　　　　　　　　　　圣水阁

四川峨眉山报国寺

中峰寺大雄宝殿

中峰寺牌坊

报国寺

距圣水阁不远是中峰寺。中锋寺本是道观，后来道教衰微，由佛教明果大师住寺，才更名为中峰寺。唐代时慧通禅师更名"集云寺"，宋仁宗时高僧茂真重修寺宇，为山中规模较大的寺院。

（一）千年古刹，几经兴废

二四川乐至报国寺

四川乐至报国寺坐落在四川乐至县的金龟山上，远远望去，就如一只金龟驮着这一块佛家圣土。传说报国寺中有一巨石棺，棺内葬的是一位皇姑，所以称为"皇姑墓"。报国寺也因"报皇恩、报国土恩"而得名。报国寺四面青山环抱，槛外一泓碧潭，林木葱郁，景色宜人，千年古树，磷峋怪石，唐季残碑，摩崖造像，蔚为奇观。结合史料推测，乐至报国寺可能始建于隋开皇二年（582年），至今有一千四百多年的历史了。在这悠久的岁月中，它几经兴废。十一届三中全会后，党中央关于宗教自由的政策得到落实，千年古刹方得以

四川乐至报国寺内盛开
的梅花

报国寺

劫后重光。当时的寺内住持、一代高僧离欲法师，出于爱国爱教一片赤诚之心，在97岁的高龄毅然挑起重建报国寺的艰巨任务，从整体规划到具体施工，都亲自料理。由于法师德高望重，各地信众踊跃捐款，不费国库财力，集资数百万。经过法师八年努力经营，终于把报国寺重建成琳宇梵宫、气象一新的佛家圣地。寺内广植树木花果，绿荫密布，鸟语花香，法师还从缅甸迎回玉佛十三尊（其中四尊高达2.5米），重新规划报国寺千佛岩造像，命人精工造就长达13米的卧佛像一龛，及高约4米的接引佛像一尊，药师佛像一尊，观音菩萨像二尊，终于使报国寺气象一新，巍然屹立，而成为今日朝拜观光之胜地。

峨眉山金顶

乐至报国寺的最早记录资料是雍正版《乐至县志》，县志中有四川贡生郭即金写的报国寺七绝二首，原诗全文如下："邑贡生郎即金：碑载万历年间建寺，先朝士大夫题咏甚多，今残文剥蚀，并委灌莽，读之不能成句。即金设馆寺中，不胜慨然，题以志之。"（意思是对于乐至报国寺，历朝历代达官贵人题词咏诗非常之多，由于年代久远，日晒雨淋，现在其文字风化

四川乐至报国寺法事

腐蚀，残缺不全，并且碑文被灌木草丛覆盖，读起来有许多不完整的句子。我将住地搬到乐至报国寺之内，非常感慨，题诗二首以表达自己的心情）：

《题报国寺二首》

邑贡生郭即金

昔年文物盛乐阳，报国殷勤夙夜将。

近日题名无可究，欣欣草木畅东皇。

馆毂年来萧寺中，诗书半卷课儿童。

颜貌依稀逐岁月，寸心犹似古人衷。

乾隆年间《乐至县志》卷三，寺观篇第 25 页，有曾担任乐至县令的郑吉士题写的一首诗。原诗前有县志作者的注释说：

"报国寺，治东北四十里，康熙五十四年重修。"原诗全文如下：

《游报国寺》

前邑令郑吉士

乘闲挈伴出秋城，野色林光处处明。

早稻千畦垂穗密，晴峦几片度云轻。

禅关共适登临兴，梵唱应嫌车马声。

我亦有怀期报国，敢将盏酒记浮生。

道光年间《乐至县志》卷九，寺观篇第十一页，有县令郑吉士，县令尤秉元题咏乐至报国寺的诗各一首。县志作者在诗前注释说："报国寺在治东三十五里，古寺毁，今重装饰，奇石嵯峨，六峰排比，

四川乐至报国寺一景

四川乐至报国寺

四川乐至报国寺古树上的
题词

老绿荫空，昼曦剥漏，游屐淹留，所谓竹柏之怀与神心妙远。寺建于李唐前，故灵异之迹，往往而在，有明代嘉靖时磬，新出孟蜀广政间二碑，载入古迹志。"县志注释大意是：乐至报国寺在乐至辖区东部三十五里处，古寺曾被毁坏，现在重新装修粉饰，奇石巍峨高峻，六峰并列相靠；老树遮蔽天空，阳光从绿叶的缝隙中洒下，游客们在此留连忘返，这才能感受到竹和柏的胸怀，以及心灵的神奇美妙和高远。乐至报国寺始建于唐朝以前，所以灵妙奇异的古迹到处都有，现保存有明朝嘉靖时期的磬和刚出土的后蜀广政年间的两块石

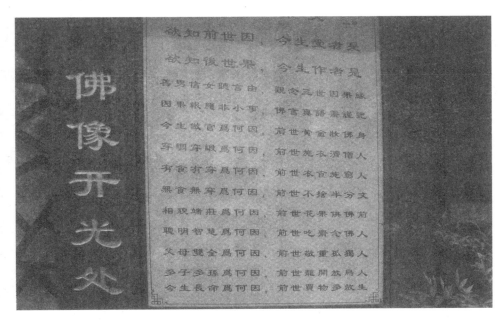

峨眉山报国寺文采
飞扬的诗词歌赋

碑，一同载入了《古迹志》。

《过报国寺》

邑令尤秉元

山城公事暇，驻马问香林。

老宿霜毛古，闲房夏木深。

好风迎客面，时雨见天心。

即此禅味悦，悠然忘夕阴。

在现今记录报国寺历史的碑文上，有一块是报国寺重建之后镌刻的，内容比较清楚，详文如下：

隋唐古刹，历尽沧桑。十年浩劫，沦为废墟，十一届三中全会后，宗教政策落实。报国堂上，上离下欲大和尚出于爱国爱教，一片赤诚，以耄耋之年毅然独肩复兴巨任。在其无私奉献精神感召下，各地信众踊跃输将，终使千年名刹，历劫重辉。晚年，上人复发愿心，为祈祷世界和平、国家安宁、人民幸福，并使梵宇更臻庄严，躬亲规划，选定本寺左侧，兴建和平塔一座。塔高二十六米，钢筋混凝土框架结构，九层六面，供奉佛像五十余尊。从一九九五年十二月兴工，至一九九六年十月竣工。设计李明祥、伍明山、罗荣华；施工萧智安；镌刻龚正超、李大佐、李玉林。泐石铭心，以资不忘。铭曰：上人遗愿，后继遵行。众善襄助，缘满建成。兵革清除，国土安宁。风雨顺时，灾病不侵。人

四川乐至报国寺石碑

报国寺

心向善，崇德兴仁。佛光普照，永保和平。

佛历二五三九年十月吉日

公历一九九六年十月吉日

敬立

这块碑文记录了十一届三中全会之后，离欲法师集资重建报国寺的历史事件，同时还特别说明：离欲法师对众信徒慷慨解囊援建寺庙的善举表示感谢，同时，希望后世人能够革除兵弊战乱，和平相处，以保国泰民安，这样百姓才能安居乐业。他还希望能够风调雨顺，百姓健康安乐不生病，人心向善，发扬崇高的美德，这样，佛祖将永远保佑众生幸福安康。

虽然由于年代久远，报国寺的初建时

峨眉山大雄宝殿

四川乐至报国寺

间已经无证可考，但是从以上这些史料中可以发现，报国寺至少有一千多年的历史了，在这一千多年的岁月中，这座古刹经历了风雨的洗礼，但是得于各方向佛义士和历代有志高僧的共同努力和苦心经营，如今的报国寺历久弥新、香火旺盛，成为佛家僧人的修行道场和文人香客的必游之地。

（二）佛缘深结，奇观天成

报国寺有着浓厚的佛法气息，可能是千年来受佛家灵慧的熏陶，寺中许多景物也显现出独有的奇观：

摩崖石刻

峨眉山报国寺大殿

报国寺

　　报国寺历史悠久，历代在崖石上造佛
像无数，据道光版《乐至县志》记载"多
至百千万亿"。新中国建国后，仍存千佛
崖石刻八龛，上镌 0.33 米佛像千余尊，
1952 年被列入全国文物简目。

　　历代石棺

　　报国寺所在地称为"金龟山"，无数
圆形巨石犹如龟卵。寺内有历代雕刻的石
棺，其中明朝正德九年的石棺还留有碑文，
字迹隐约可辨，镂空的石花冠非常精美。

　　玉佛耀辉

　　报国寺先后从缅甸迎回佛菩萨及高僧
玉佛像 34 尊，其数量之多，形体之高大，

四川乐至报国寺一
景

峨眉山清音双桥

报国寺

造型之精美，甚为罕见。

古树包佛

寺内有千年古榕树根巧包千年佛像佛龛，树与佛相依相偎，浑然天成。千百年来，树守护着佛像，佛像保佑着生灵。树抱佛是神的恩赐，是自然的造化，是历代高僧积善积德，潜心修行的结果。关于树包佛，还有一个传说：有一群诚心修佛的人，想寻找一个清静之地。有一天，这一群人来到报国寺外的山崖下，因旅途劳累，都倚着崖壁睡着了。佛发善心，让古树伸出根搂抱着这一群人，给他们一个清静的环境。终于，他们修成了正果……

万木朝佛，寺院绿树森森，四季如春。漫步其间，千年古树，随处可见，这些树的树尖都指向寺庙中心，疑是"万木朝佛"，让人生出无限遐想。

高僧辈出，许多高僧都是在乐至报国寺驻锡、修持、成道的。近代高僧本空法师、思摩法师"人法之深，非常人能测"；前任住持离欲法师道法精深，德行高尚，107岁时预知时至，安详坐化；现任住持昌臻法师深秉慧根，弘法利生，广施善举。

道场清净，寺中道场清净，寺风淳良，僧人严守戒律，信众依规守行。

（三）百代千秋，高僧倍出

在报国寺的历史上，涌现出了许多道法精深、德行高尚的高僧，其中最具传奇色彩的要数思摩法师、本空法师、空相法师、离欲法师和昌臻法师。

思摩法师

思摩法师生于1719年（清康熙五十八年）辛丑夏四月初八日，1939年己卯十月初十日圆寂，活了220岁。

据资料描述，思摩法师"身材魁伟，仪表堂堂，善根笃厚，智慧过人，早获彻悟；又博通诗文，兼擅书画；晚年悬壶济

峨眉山报国寺

报国寺

报国寺树影婆娑

世，著手成春；秉性刚正，轻名利，贱富贵，行事神异，言语颠倒，深受乡人敬爱"。

关于思摩法师修成大成的转折点，有这样一个故事：辽阳龙泉寺的元空方丈聚众赏雪，即兴出一上联："雪积观音，日照化身归南海。"众人无人能对，思摩法师遂前施礼道："云成罗汉，风吹捷脚到西天。"老和尚听后大喜，当即收取为徒。

传说思摩法师圆寂后还曾显圣治病救人：1941年，川彭县的罗乃琼（曾任川军

峨眉山报国寺佛像贴
金处

将领）患顽皮肤顽疾，遍访名医均医治无效，后来听说有一名医专治疑难杂症，于是前往求治。在途中，他看见一个戴着红帽、身材魁梧的老和尚。老和尚问他去干什么，他以实相告。老和尚于是和他一起去找名医，结果得知名医已经去世了。后来，老和尚赠与良药，服药后罗乃琼的病竟神奇地痊愈了。事后大家才得知那老和尚就是已经圆寂的思摩大师。

思摩法师留下的一首偈语，可谓他老人家一生学道修行的经验总结和辉煌人生写照："霹雳空千古，光明眼界开，全除云雾翳，为洗水晶来，春蔼凭磨炼，秋波任剪裁，霞云双镜彩，涛涌万珠开，银海瑶琴好，冰湖浊魄浣，重辉玄日月，一瞬脱尘埃，仙骨何日换，灵元上界培，湮湖诚可接，昂首即蓬莱。"

本空法师

关于本空法师的传说非常多，但关于本空法师的文字资料，仅有本空法师墓碑碑文和射洪县东山寺编印的《东山寺》小册子。本空很小就出家了，拜洋溪东山寺续坤上人为师，削发剃度。后来，明心、佛云二位高僧认为本空禅师很有慧根，主

峨眉山景观

峨眉山报国寺景区树木
繁茂

报国寺

从峨眉山万佛顶远眺金顶

动向其传授佛门真谛。本空禅师接受以后，逐渐生出了更高的觉悟和智慧。

本空法师与人谈话很多时候都没有次序，甚至给人以疯癫的印象，所以他对佛法的精深程度，不是一般的人能够揣测得到的，但是，他对有权有钱有势的人与百姓民众平等相待，而且对一般老百姓和下层人物都非常礼貌客气。

本空禅师的行为也异于常人，他不喜欢经常居住在好的地方，有时候又在禅榻口打坐入眠数天不起来。他经常在山崖河谷之间行走，漫步感叹呼叫，在半夜三更独自燃起心中的祝福，在风雨中忽然生起很多思绪。想坐就坐，想站就站。他喜欢游走四方，寻找志同道合的同伴，特别在遂宁千佛寺，蓬溪三教寺住下的时候最多。

他晚年又回到东山寺，言行修行得更加精进。1936年的一天，他忽然拿出自己写的一首偈子说："辰巳两条龙，不下雨，吹狂风，登程起码，起码登程。"他的弟子都不懂，到了29日，他就安然坐化了。

空相法师

空相法师，24岁出家，拜本空法师为师。据当地百姓传说空相法师道德高尚，修持严谨，一生辛勤奔劳，以医济世，行善积德，深受广大信众弟子和人民群众爱戴。

离欲法师

1922年，离欲法师在射洪东山寺出

峨眉山报国寺

报国寺

家，八年后，离欲法师辞别师父出外行脚参访，他身穿破衲衣，背负烂蒲团，到了四川乐至县报国寺。寺中正在举办观音法会。离师对知客僧声称自己是个穷和尚，别无供养，愿在殿上打坐七天七夜，陪伴菩萨。众人不信，表示他若真能不吃不喝打坐七天七夜，就留他当住持，否则就赶出山门。结果大师打坐十天，众人大惊，当即争相参拜皈依。后来，经众人请求，大师主持报国寺。当时，报国寺年久失修，作为住持，大师致力于寺院的修缮整理工作。他先后修复了观音殿、藏经楼、东西丈室等，使得报国寺焕然一新。

峨眉山报国寺山门
石狮

四川乐至报国寺

峨眉山金顶上的冷杉林

离欲法师医术神奇，平时除了弘法利生，每当有人求医也必救治，往往妙手回春，救人无数。相传1935年，离欲法师出外云游到了成都，当时四川军的师长范绍曾肩胛骨中弹，久治不愈，疼痛难忍。一次范绍曾机缘巧合遇到法师，于是恳求法师医治。法师随手捡了两颗蜜枣让他吃下去。范师长吃后，顿时疼痛就减轻了，晚上一觉醒来，已经不疼了。这时师长觉得背下有硬物，一看竟是肩胛骨中的子弹自己出来了。

1951年，离欲老和尚忽然回到报国寺，守寺护林，种地养蜂，编织草鞋，躬亲劳动, 怡然自得。他生活俭朴, 布衣蔬食; 清心寡欲, 不求名利。如果不是弘法利生的事, 平时就不出山门。

1978 年中央倡导宗教信仰自由, 落实宗教政策, 开放重点寺院。这时法师已经九十多岁了, 但他毅然肩负起重建报国寺的重任, 从整体规划到具体施工, 都亲自料理。终于把报国寺修整得气象一新, 欣欣向荣。

昌臻法师

昌臻法师, 号妙首。昌臻法师成为至乐报国寺的住持也颇具传奇色彩, 1992 年, 离欲法师预知自己即将圆寂, 交代众人当时还没有剃度的张妙首颇具慧根, 就是自己的接班人, 随后法师坐化。众人根据离欲法师的描述找来了张妙首, 并为他披剃落发, 随即被任命为住持, 法号昌臻。

昌臻法师继承离欲法师的遗志, 广结善缘, 扩建寺庙, 扶贫济困, 传播佛学。他以持戒修行、弘法利生为宗旨, 专修专弘净土宗, 培养净宗弘法人才。近年来, 得力于昌臻法师和众人的共同努力, 乐至报国寺得到了极大发展。寺内修建的佛学院声名远播, 寺内还新修安养院, 有来自

峨眉山寺院

全国各地的 200 多名居士在这里颐养天年。

（四）人文化成，美景美文

报国寺的历代高僧修行高深、德行著望，本身就对文学有着极为深厚的造诣，又因为报国寺历史悠久，美名远扬，成为历代文人雅士的雅游之地，所以在乐至报国寺，有许多诗词、楹联、碑文值得人们学习和欣赏，同时，这些资料对了解和研究乐至报国寺具有非常重要的价值。现今的报国寺主要保留的诗词、楹联主要是后世赞扬和纪念离欲法师的作品、昌臻法师本人的作品、著名诗人刘克生先生的作品。

峨眉山报国寺圣积晚钟

报匡寺

峨眉山报国寺巍峨宝殿

　　1976年，原任美国佛教总会会长、世界佛教联谊会会长宣化上人创建世界著名佛教圣地——万佛城。离欲法师挥毫题诗一首《赞万佛城》以表庆贺："万佛城中万佛生，万丈光明万户灯。万代一心万代业，万邦共仰万佛城。"离欲法师与万佛城的创建，还有这么一个故事：万佛城之前是美国加州公立的一所大型疗养院，全院可容纳两万多人居住。因加州干旱，地下水越抽越少，政府只有廉价出售。宣化上人买下后想在这个地方建造万佛城，苦于没有水源。后来，离欲法师指定了打井的地点，施工人员依照他的指定地点挖井，果然地下水竟源源不断。在离欲念佛

峨眉山报国寺内香
火鼎盛

堂有联："有大善根，时时得执持名号；是真慈母，朝朝望儿女归来。"赞扬离欲法师的崇高德行和慈悲之心，另外，在离欲念佛苑也有联题道："真诚清净平等正觉慈悲；看破放下自在随缘念佛"，后世还在离欲法师的墓联上赞扬法师："去妄归真慧业光照法苑；圆功证果灵心慈荫缘人""万法不离宗修静业详参般若；一心泯欲念具真诚多诵南无"报国寺寺中还有法师的寿藏铭，介绍了法师的生平和灵慧轶事，并感叹道："大德弱冠祝发兮，悟空了识凡俗。兴建古佛传戒兮，振宗风而功著。立寓蓉郊茅篷兮，旨于慈航普渡。

广修报国护林兮，致全力于建树。恪遵宗
教政策兮，末懈春秋寒暑。荣列人代协委
兮，不愧佛门宗徒。钟毓山川灵秀兮，遗
范昭然万古。"意思是说法师年轻的时候
就悟空凡俗之事，皈依佛门；努力学习佛
法，恪守戒规；他生活俭朴，以慈悲之心
拯救苍生；为报国寺广植林木，休整寺容；
秉承爱国爱教之心，不分春秋寒暑的劳耕
不辍；他是佛门的杰出人物，荣列政府的
高位；他的德行青山不朽、万古流芳。

离欲法师圆寂前预知并亲自指定的接
班人，颇具慧根的昌臻法师，不仅秉承师
志、弘法利生、振兴寺院，成为又一代德

报国寺内金钟楼

四川乐至报国寺

报国寺雕刻

高望重的住持，而且他在诗词上也有颇深造诣，加上他道义高深，使他的诗词、楹联成为文学艺术史上的一代佳作。例如，他的对联"山林静谧通禅意，茗宛从容惬素心"既有优美的意境又有佛家的禅心，给人以清新淡远之感。另外一首诗流传甚广，揭示了心地与命运之间的关系，阐明命由心造、境随心转和祸福无常，只是因为人的心地和命运的变化而变化的道理："心地与命运，心好命又好，富贵直到老；命好心不好，福变为祸兆；心好命不好，祸转为福报；心命俱不好，遭殃且贫夭；心可挽平命，最要存仁道；命实造于心，吉凶惟人召；信命不修心，阴阳恐虚矫；修心一听命，天地自相保。"1999 年，法师时年 83 岁，为庆祝澳门回归提笔挥就一首七言绝句，以表自己的喜悦之情："江山万里尽朝晖，喜看澳门又回归。四百年来国耻雪，只因华夏正腾飞。"2001 年 3 月，法师为了振寺风，教导僧人自律自戒，同时自勉，抄录下赵朴初居士咏史诗："昔有三武祸吾宗，衲子离寺塔院空。应是昔年崇奉日，未能勤俭守家风。"该诗指出唐朝武则天时代，寺风败坏，僧人放逸、堕落，导致佛教衰微，都是因为不遵守寺规戒律造成的，同时教导众僧和勉励自己都应该勤劳俭朴遵守戒规。

在报国寺，四川著名诗人刘克生先生留下了许多经典的作品，这些诗词、楹联意境生动、寓意深远，给人以浓厚的佛家气息和宁静淡远的美感。按照创作时间的先后，先生的部分作品如下：

观音殿联："悯众生相，发大悲心，洒甘露杨枝。寻声感应；观释氏音，称儒家士，仰慈云莲座，稽首皈依。"

接引殿联："接来众姓缘人，皈依信受奉行，道场广设无遮会；引进十方善士，

峨眉山报国寺一景

四川乐至报国寺

峨眉山报国寺凉亭

峨眉山上的清音阁牛
心亭

报国寺

峨眉山报国寺前石狮

修到圆明彻悟，法海同登大愿船。"

大雄宝殿联："芥子纳须弥，佛法无边，与儒道并尊为大；莲花开世界，禅风永振，赞菩萨普济曰雄。"

庭柏轩联："且将明镜菩提，与客谈心，非无人解；试瀹清泉香茗，随君涤虑，冷暖自知。""教尊鹫岭，寺显龙门，换旧地新天，金玉增辉三宝殿；佛广慈悲，僧高风谊，阐真言妙谛，琉璃永照万年灯。"

天王殿联："如来拈花笑，弥勒开口笑，问礼拜禅林，有几个能深知笑意；

菩萨低眉时，金刚怒目时，要虔修慧业，愿众生莫错过时机。"

地藏殿联："证果度慈亲佛门孝誉昭

三界，献苍虔信士乐土禅风尚九华。"

弥勒殿联："休夸我慈悲救世欢喜结缘万物能容宽大肚；但愿人慧业明心苦行正道一生受益敞虚怀。"

山门联："孟蜀纪名碑此日仍传往事；隋唐留胜迹于今永结善缘""听经如顶灌醍醐，四座接谈亲法苑；礼佛便心消烦恼，众生引领望慈云。""兴废感隋唐，振来鹿苑宗风，看翠竹黄花，无非禅意；精灵聚山水，登得龙门净域，听晨钟暮鼓，总是福音。"

禅堂联："念佛随缘，访来净土禅林，虹尘似梦；澄怀去妄，悟到清池皓月，碧

峨眉山金顶

报国寺

水无痕。"

小山门联："隋唐古迹陈往事；报国重辉结善缘。"

祖师殿联："净业纪传灯，仰三代智慧圆通，奉心香一瓣；名山同选佛，有众生精诚感召，来顶礼千秋。"

佛寺宿舍联："隋唐启梵宫非无高士耽禅悦；花木通幽径自有清心领妙香。"

······

这些优美精妙的楹联都是人们学习和欣赏的宝贵材料，也是至乐报国寺的巨大财富。

千年古刹报国寺带给了我们如此之多

峨眉山万佛顶

的惊叹和感慨，说不完的故事，道不尽的情愫，只能浓缩在冯学成的一首诗里：

《赞乐至报国寺》

雄殿临霄势欲飞，莲阶步步紫霞垂。

钟声歇处松云合，佛号宣时鸟雀依。

人到龙门话离欲，情关报国说昌臻。

心香但与华严众，不觉苔痕染衲衣。

（一）青山掩古寺，彤霞伴钟声

三 福建金铙山报国寺

福建金铙山报国寺坐落在福建省建宁县金铙山之上，是规模宏大、气势雄伟的一方古寺。它始建于梁龙德年间（921年），它的建寺历史比驰名的峨嵋山报国寺、北京报国寺还早。

在当地流传的一个很动人的神话传说是关于金铙山和报国寺的：很早以前，金铙山山神与荷花仙子是一对情侣，二人共同修炼成仙。后来，荷花仙子遇到吕洞宾，吕洞宾爱慕荷花仙子美貌，便将其带往天宫做了神仙。可是，到了天宫，荷花仙子一直思念山神。王母娘娘办蟠桃会时，荷花仙子又遇到吕洞宾，吕洞宾告诉她，

福建报国寺内金佛像

报国寺

如果仙子将自己千百年修炼的结果送与山神，山神就能成仙了。荷花仙子听后，急忙从口内吐出仙果一粒，却正好落在金铙山金铙寺的放生池内，不几天，放山池里就长出了亭亭玉立的莲花。王母娘娘因此恼怒，罚仙子下凡到金铙山。数百年后，清朝皇帝游金铙山，晚上就在金铙寺休息。皇帝由于旅途劳累，身体不适，一连三天粒米未食，御医束手无策。金铙寺住持智辉法师知道后，将放生池中莲子用文火炖汤一碗，送与皇上。皇帝喝后，龙体康复，于是下旨重修金铙寺。金铙寺因得皇恩浩荡，于是改名为"报国寺"。

当然，那只是神话，关于报国寺名字

福建报国寺

报国寺

的来由，下面这种说法似乎更为真实可信一些：话说金铙山中住着一位的"药仙老人"，他热心为方圆百里的百姓治病送药，救死扶伤，深得当地群众的爱戴。老人归西后，人们纷纷捐款捐物，在他当年开荒种药之处建造一座"金铙寺"。这时，建宁恰巧遇上了百年一遇的旱灾，朝廷官员巡视灾情路过此地，百姓便对他说了建寺的缘由和所遇到的困难，朝廷官员回京把此事禀报给了皇帝。皇帝听后，深受感动，立即拨款，派人送到了金铙寺。寺庙落成后，为了感谢皇帝的恩德，百姓便取名为"报国寺"。真是："万里山河承佛德，众生今古沐慈恩。"

福建报国寺内金佛像

千年的历史如白驹过隙，报国寺也是历经风霜。寺院内佛像和许多珍贵文物损失严重，一方古寺就此销迹。

1990 年，该寺在政府的大力支持下，按原来的建筑风格规模依址重建了寺庙。寺中现有佛像 35 尊，最大的一尊释迦牟尼像高达 6 米，还有四大天王、护法大王、十八罗汉、文殊、普贤、伽叶、弥勒、地藏、观音等十三尊，塑造精致，栩栩如生，各显风姿，给人以浓重的佛家圣地的氛围。

（二）仙品人间现，奇景圣地开

据《建宁县志》载，报国寺初建时有八大景：白莲池、红芍圃、虎溪桥、蟾窟井、龙溪松、铁线梅、翠蒲涧、白玉峰。关于白莲池还有一个动人的故事：王母娘娘祝寿时，无意间遗落两粒莲子至白莲池，次年，白莲池便开满了白莲花，并结了许多莲子，莲子鲜脆可口，为果中珍品，上贡朝庭，得到皇帝的喜爱，被列为贡品。现在，报国寺只剩下四大景：白莲池、虎溪桥、蟾窟井、白玉蜂，但仍是不可多得的迷人风光，令人流连忘返。

寺庙的四周峰峦叠嶂，林木葱茏，泉

报国寺内风景优美

报国寺

清鸟鸣，四季如春。它背靠金铙山，金铙山风光无限：白石顶、龙王庙、仙人池、金铙晴雪、千姿石林、雌雄双瀑、红白石溪、平岗古村等都是不可多得的奇观，它们把报国寺簇拥其间，如众星捧月般，具有无限的诗情画意。古往今来前往参观游览者络绎不绝，且留下了许多诗文墨宝。《建宁县志》上至今载有一首李杜诗："金铙古寺何崔巍，琼宫宝阙悬苍崖。石泉一泓自清浅，四时门外常萦回。古松阅世不知老，凛凛肯受冰霜摧。云鹤飞来白兔走，月明空照生公台。我来登临增感慨，残碑字没生苍苔。归时西山日已暮，但觉习习

报国寺内香炉

清风来。"便是对千年古刹的最生动的描绘和赞誉。

（三）鲁班生妙手，仙人显神功

报国寺建筑规模宏大，建筑结构独特新颖，气势雄浑。寺中主体建筑分三个层次，由山门、牌楼进入依次为天王殿、天井、大雄宝殿、法堂，两旁为附属建筑、左边为地藏殿、客厅等，右边为观音殿、客厅、藏经楼等。据报国寺碑记载：报国寺"时为八闽上四府最大之寺院。"相传福州鼓山"涌泉寺"初建时，也曾经模仿它的图样与风格。寺外有护院围墙，内有禅房、堂厅等 13 个殿厅 64 间，屋顶飞檐翘角，殿内雕梁画栋，柱壁朱红涂漆，每个厅的四壁还绘有具有民族特色和乡土风情的壁画。处处古色古香，金光熠熠，其在寺院建筑史上，有较高的研究价值。

（四）弥勒频应世，玄奘屡再生

佛祖似乎特别眷顾这座历史悠久的古寺，在报国寺的历史上，涌现出了许多道法精深、德行高尚的高僧。这些高僧贤士的涌现，给报国寺带来了佛祖的灵气和吉祥。其中，最为杰出的有：慈航法师、广贤法师、演新法师等。

慈航法师

被佛教界被称为"弥勒应世、玄奘再生"的慈航法师，13岁起就在报国寺带发修行，兼作僧衣。据说大师18岁就与弥勒佛结下缘，有一个故事是这样的：大师18岁那年上山砍柴，正返回途中，突然天上乌云密布，狂风呼啸，暴雨倾盆。紧接着，一道闪电，一声炸雷，仿佛天崩地裂。大师心一慌，腿一滑，竟从十多丈高的山崖跌落，顿时昏死过去。恍惚中，他见到弥勒佛祖笑呵呵地飘然而至，蹲下身来在他头上轻轻抚摸了三下，接着闪过一道亮光便消失了。大师醒来，发现自己毫发未损，

石碑文

福建金铙山报国寺

083

而身体四周尽是折断的树枝。慈航法师终生为实践"人间佛教"而奉献心力，他曾说："如有一人未度，切莫自己逃了。"此种胸怀与地藏菩萨"但愿众生得离苦，不为自己求安乐"的伟大精神相映生辉。慈航法师早年追随太虚大师，为革新佛教而奔走，弘化足迹遍及中国及南洋等地。他认为只有开展文化、教育、慈善事业，才能复兴佛教，于是在他所到之处，均创办佛学院、佛学会，积极培养人才，所以佛教中人称他为"慈航菩萨"。大师颇有佛家灵慧，预知自己的圆寂日期，嘱咐众弟子在其坐化后用缸存肉身于弥勒内院后山墓塔。五年后弟子开缸，发现大师肉身

报国寺内古建筑一角

报国寺

不腐，容貌鲜活，有如在世，更令人啧啧称奇的是之前剃光的须发竟又长出半寸多长。慈航的肉身舍利，至今仍供奉在台北汐止弥勒内院慈航堂中，成为永留人间的圣迹，而他一生慈悲喜舍，为僧伽教育而鞠躬尽瘁，也为世人留下最佳典范。

广贤法师

得道高僧广贤法师，出国弘扬佛法，原任北美佛教协会会长兼美国纽约"福寿寺"方丈。20世纪50年代时，他在福建弘法，广度佛缘。他还持戒修行，净化身心；以慈悲之心济世，培植福德之辈，是为一代圣僧。

演新法师

福建风光

福建金铙山报国寺

福建风光

现任住持演新法师，颇具慧根。法师自幼随父兄学习书画，在学习书法过程中曾作《学书》一首："甲骨金文大小篆，汉简帛隶与曹全。勤习怀素及书谱，师法兰亭楷欧颜。先合后离学古贴，终成自家撑门面。十年不问江湖事，只为书法磨一剑。"；在学习绘画时曾作《学画》一首："初时学画介子园，八大二石壁上观。江南四才与八怪，弘一弘仁和巨然。古人才艺为我用，今日也有张大千。不是我爱描丹青，为佛弘法利人天。"后来，法师学禅，又作《学禅》一首："何谓祖师西来意，此是千年老话题。不立文字通妙法，以心传心悟真谛。自古多少寻道者，心外求法费心机。我空法空空亦空，方解如来真实义。"法师多才多艺，精通佛学、文学，擅长诗、书、画、印，熟于武术、医学、农耕、技工等等。

他继承先辈遗愿，坚持以多种形式开展弘法利生活动。如：举行佛法通俗讲座，与兄弟寺院协同举办"禅净共修营""佛法与人生研讨会"，出版佛学书刊等，并长期举办助学、扶贫、救灾、放生、修路等活动。在大师的经营下，如今的报国寺佛风朴实淳良，成为专修专弘净土禅宗的清净场所，被誉为远近闻名的"闽中净土"，是朝拜观光的胜地。

福建风光

福建金铙山报国寺

（五）江山多俊秀，文章自风流

"灵山生秀色，圣寺放光辉。"自古以来，山因古寺而添色，寺因名山而增辉。金铙山海拔1858米，有"秀起东南第一巅"之美誉，金铙山与报国寺交相映衬，使金铙山增添了几分佛家的灵性和神韵，也使报国寺增加了不少人文价值和历史厚重感。在报国寺，有不少美文佳作，例如最为传统的楹联类，可以说，报国寺是处处观美景，处处赏美文。这些构思巧妙的楹联中包含着博大精深的佛家道理，让人读后豁然开朗，耳目一新。如："万里俱明化作引，一心惟尽先磨志""园林滴翠

福建风光

报国寺

福建风光

云飞五彩究属色相浮空；山溪拱秀水流千波岂是人生妙境。"再如阐述佛家因果报应思想，劝导世人多做好事，行善积德的："以善为已任善终善报；知恩崇佛相恩泽恩回。""心即佛现与求佛先求心；果由因造何因结何果。"当然，也有赞扬和鼓励法师和本寺弘扬佛法，普度众生的善举的："聚集四方才智讲佛学，提高三宝知识化顽愚。"表达世界和平，人们能安居乐业的美好愿望的："重修金铙寺都来祈祷全球干戈永息，请登三宝殿到此渴求世界永久和平。"

福建金铙山报国寺

福建风光

报国寺内棚顶

赞美金铙山的自然风光的："金铙山麓红日永辉彼岸；闽水源头佛光普照迷津。"总之，报国寺不仅周边风景优美，殿阁雄伟，还有意境雅致、构思精巧的诗词、楹联文化，给这一方古寺增添了许多动人的情韵。

（一）八百年的荣辱沉浮

报国寺

四 江苏苏州报国寺

苏州报国寺

江苏苏州报国寺，座落在古城苏州，它北邻著名的怡园，东有双塔，南有沧浪亭，处于闹市僻静处，颇有闹中取静、静中取禅的意境。报国寺经历了八百多年的风雨，有着悠久而曲折的历史。

报国寺始建于宋咸淳年间，当时的名字叫"报国禅院"。1285 年寺院重建，由普照大师任住持，由于普照大师的苦心经营和管理有方，一时间信佛的风气盛行。明朝初年，有僧人向朝廷请求，将禅院改成寺庙。后来，寺院住持成钊大师重新组织修建寺庙，扩大了寺庙的规模，当时，殿宇、客寮、斋堂、库房等加起来有好几

百间，占地也达到 47 亩，一时间鼎盛至极、香客如云。但是到了万历年间，由于连绵战乱、社会动荡，佛教逐渐衰微，报国寺也没有逃脱日渐颓废的命运，渐渐衰落下来。万历末年一代高僧慧如和尚用慈悲之心救济他人，以他高深的德行去弘法利生教化众信徒，得到许多人的敬仰，在他的苦心经营之下，寺中终于有了三千多的僧人，至于受戒的人数则已过万，使该寺达到最为鼎盛的时期。

　　清朝咸丰年后，佛教就一直江河日下，

苏州报国寺

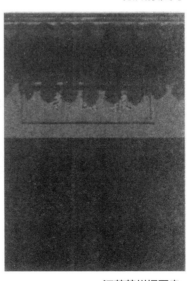

江苏苏州报国寺

逐渐衰败，于是僧人楚泉到北京请求光绪帝颁藏经。谁知在楚泉离寺后江苏巡抚程德已经听信幕僚的谎话，上报朝廷说报国寺里已经没有和尚了，于是朝廷将报国寺没收改建成了植园。当楚泉回到苏州后才发现寺庙已经被毁，只好等待机缘重新复兴古寺。1921年，由于受到良心的谴责和对佛教信仰的加深，程德出资买下穿心街原中军的衙署，重建报国寺。但是，由于资金有限，建寺的规模受到极大的限制。寺成之后，众人请楚泉当该寺的住持，楚泉和尚圆寂之后，他的徒弟明道和尚继任住持。1930年，报国寺迎来了一代高僧印光大师掩关，印光大师的到来，给报国

苏州报国寺金佛像

报国寺

094

苏州报国寺浮雕

苏州风光

苏州风景

报国寺

苏州报恩寺

寺的改革和发展带来了新的契机。他当住持后，弘法利生，广传佛法，因此赢得了众信徒的尊敬。报国寺因而声名远扬，当时皈依报国寺的信徒太多，甚至导致穿心街上的人接踵摩肩，景象很是壮观。

1937年抗日战争爆发，印光法师为国难而四处奔走，以慈悲之心救难救人。后来，明道和尚也圆寂了，报国寺就此衰落破败。解放后，当地政府支持创办佛教文化事业，并斥资对寺庙进行了修缮和恢复工作。修缮后的报国寺气象一新，寺内除了各大殿楼阁，还有苏州佛教博物馆、苏州弘化社、苏州佛博弘化艺术院、苏州弘化社义诊所等佛教文化、慈善机构。

江苏苏州报国寺

峨眉山报国寺题
字

（二）报国寺与一代高僧印光大师

在苏州报国寺的历史上，佛法修行最
为高深的就是印光大师了。印光大师别号
常惭愧僧，是 1930 年从上海移居到苏州
穿心街报国寺掩关的。他到报国寺后开设

苏州报国寺一
景

立弘化社，并亲自理事，出版《弘化月刊》，
印行《印光法师文钞》《印光法师嘉言录》
《净土十要》和《净土五经》等，这些文
刊在海内外佛教界都有较大影响。1932 年
大师住报国寺不久，就写了题为《一函遍

苏州报国寺院内一景

复》的公开信，向僧俗各界详细阐述"净土法门、三根普披、利纯全收"的精要奥秘。弘扬佛法的同时，他还加强自身修为，闭关七年，深居简出，俭朴沉静，潜心研究经藏。在这期间，他编纂了佛教四大名山志（即普陀山、九华山、五台山、峨眉山）。四大名山志发刊以后，在当时的僧俗各界引起轰动，受到广泛的赞扬。一直到今天，大师的四大名山志仍具有极其重要的参考和研究价值。

印光大师还是一位有着爱国热忱的圣僧，他提倡念佛不忘报国的思想，深受各界人士赞赏。在国难当头之际，大师毅然破关说法、捐款救灾；在战乱不断的时期又普劝称念观音圣号以祈战事速息，人宁国安；还拒收日僧经典，维护民族尊严。1935年陕西大灾，他捐赠一千元；1936年听说绥远灾情严重，他又捐赠了三千元，之后，又将自己的一千元书款尽数捐出。

印光大师谨守戒律、生活朴素，是一个清苦的大和尚。在报国寺时，一次菜中用了好酱油，他便对住持明道和尚加以申斥。有位香客在寺内吃斋饭，碗内留饭，

苏州园林景色

江苏苏州报国寺

他非常生气，当面斥责："你有多大福，竟如此糟蹋？"印光法师一生生活俭朴，言传身教，恪守不移，受大师盛得之感化，皈依弟子遍及中外。由于他的德望崇高，佛教人士都尊他为中国净土宗第十三祖。相传，大师曾经住得离锦帆路的国学大师章太炎的住宅很近，国学佛学两大师相邻，被传为佳话。

大师不仅撰写山志和佛刊，在楹联诗词方面也有所涉猎，如写观音菩萨的："有感即通，千江有水千江月；无机不被，万里无云万里天。"再如表现自己心境平和，逍遥自在，如莲花出水般澄净的："唯期五浊顿空，任他香无人焚、地无人扫；倘得一真共证，自尔愿令我满、心令我安。"还有表达自己一心向佛，慈悲为怀，普度众生的："誓愿宏深，处处现身说法；慈悲广大，时时救苦寻声。"

1992年苏州报国寺按原貌修复，三间"印公关房"也得以重见天日。东间为叩关者休息处，中间为经堂书房，西间为印光大师之卧室。世人还可以看到印光大师手书的《楞严经大势至菩萨念佛圆通章》石刻。"印公关房"的修复，对于记录和

苏州风光

报国寺

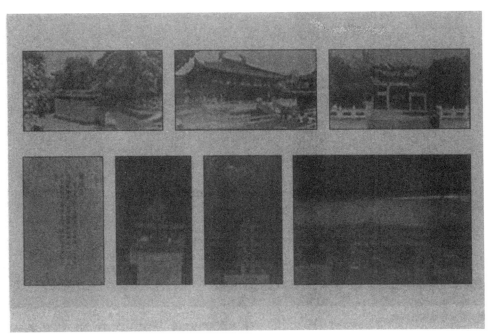

苏州佛教博物馆
内展画

研究印光大师其人，弘扬他的佛学思想都
是具有重要意义的。

（三）苏州佛教博物馆——佛家文化的缩影

在苏州报国寺内的苏州佛教博物馆是
江苏省第一座宗教博物馆，它以实物、图
片、模型，辅以文字说明，展现苏州佛教
的历史和现实风貌，使民族优秀传统文化
得到弘扬和发展。按照馆藏物品，可以把
博物馆分成八个部份，每个部分都各具特
色，为游者展现出佛教的历史文化。

第一部份，介绍了自三国吴以来历代

虎丘云岩寺塔斜而
不倒

寺院的概貌，其中，在宋、明、清朝的寺院还以分布图、照片和模型的形式表现出来，另外，还展示有虎丘云岩寺塔和瑞光塔的出土文物资料。第二部份是佛家典藏，主要是佛像与经藏，有二十余尊形态各异的佛像是唐朝的，这说明在唐代，雕刻艺术就非常发达，同时也说明唐代是一个佛教盛行的时期，还展示了保圣寺的唐塑罗汉和紫金庵的宋塑罗汉。经藏则已各种经书的形式展示出来，主要是自唐以来的各种善本经书，有唐人写经、宋代经书、明代经书、清代《龙藏》，还有藏文经书等等。第三部分向世人介绍了各位高僧的生平，体现了高僧的大德和智慧，年代最久远的高僧居然可以追溯到三国时期，例如最早来苏州弘扬佛法的高士支谦就是三国时期的人物，还有东晋时期的高僧支遁、唐代的寒山、宋代的绍隆、明代的弘储以及近代的印光大师和国学大师章太炎等。在文学方面，这里有雍正皇帝的御笔亲书、石涛画作等等。第四部分是佛家的法物法器，佛家的法物法器给人以比较神秘的感觉，着重展示的是法器和衣物。第五部份与第三部分有相似之处，介绍的是各位高僧弘法利生的事业，主要是说各位高僧弘扬佛法、佛教修持、慈善事业、友好交往等内容。第六部分是介绍大殿佛像的供奉定式，其中最引人瞩目的是一尊两米高的玉佛和

苏州佛教博物馆影壁

江苏苏州报国寺

报国寺内同心锁雕像

一尊四十八臂观世音像，佛像造型优美逼真，线条流畅，是不可多得的艺术佳品。第七部分是前文介绍过的"印公关房"。最后，是弘化社，弘化社是印光大师到报国寺以后创建的，目的是宣讲佛法，在弘化社里展示的也是各种经书，其中就有印光大师主持下出版的经书。

苏州佛教博物馆以其详实的历史资料，丰富的展览内容，庄严肃穆的佛教氛围，成为弘扬佛教文化的窗口。苏州佛教博物馆的建设和完善为继承、发扬印光大师弘化事业提供了良好的活动平台，是与苏州报国寺相互映衬的佛教胜地。

（一）一位国舅与一座古寺

五 北京报国寺

北京报国寺正门

　　京城名刹报国寺，殿宇恢弘，红墙绿瓦，坐落在广安门内大街牛街西北，历经近千年沧桑，有深厚文化底蕴。寺院始建于辽金时期，因为院内有两棵怪异的松树，所以曾经被称为"双松寺"。元世祖忽必烈统一中原后，为表彰开国元勋，赞扬他们的报国之心，在原有基础上进行了修建，并改名为"报国寺"。

　　报国寺本是一座名不见经传的寺庙，要说到它的兴旺和出名，不得不说到一位国舅。根据《明史》第300卷第25册的记载："孝肃有弟吉祥，儿时出游，去为僧，家人莫知所在，孝肃亦若忘之。一夕，梦伽蓝神来，言后弟今在某所，英宗亦同时梦。旦遣小黄门，以梦中言物色，得之报国寺伽蓝殿中，召入见。后且喜且泣，欲爵之不可，厚赐遣还。宪宗立，为建大慈仁寺，赐庄田数百顷。其后，周氏衰落，而慈仁寺庄田久犹存。"这段话的意思是说：明朝时期，孝肃皇后（后来的太后）有一个弟弟叫"吉祥"。吉祥小的时候就看破凡俗出家做了和尚，但是他的家人并不知道他去哪里做了和尚，孝肃始终没有忘记这个弟弟。明朝宪宗皇帝成化二年（1465年）

的一天晚上，孝肃做了一个梦，梦见伽蓝神来告诉她，她弟弟现在所在的地方，后来发现，原来英宗也做了一个同样的梦。第二天早上，孝肃就把梦中伽蓝神所形容的景物跟侍从说了一遍，并问那是什么地方。后来得知那就是报国寺的伽蓝殿，于是她急切地召弟弟入宫相见。见到弟弟后，孝肃喜极而泣，非要给弟弟高官厚禄。但周吉祥经再三劝说仍不肯还俗进宫享受荣华富贵，连所有的赏赐也都退回去了。等到宪宗即位（孝肃成为皇太后），宪宗皇帝赏赐庄田数百顷来修建这所寺庙。后来，周家衰落了，但是寺里的田地还是保留着。

北京报国寺牌坊

报国寺

报国寺经过按皇家庙宇的规制进行修建之后，更名为大慈仁寺，国舅吉祥为住持。七层大殿，七进院落，纵轴式布局，十分轩敞，显示了皇族庙宇的雄姿威仪。在《赠大慈仁寺左方丈住持宇上人序》一文里，就生动地叙述了这个故事。

虽然这个寺庙在几百年里几度兴衰，数易其名，但是民间百姓却仍称之为"报国寺"。

（二）古代文人墨客的雅游之地

在清代，顺治之后康熙、雍正都重武功亦重文治，广揽人才，因此宣南一带文人名士聚居，精英荟萃，他们多有收藏之

北京报国寺门前的小商贩

北京报国寺

北京报国寺正门

爱好，常常到报国寺庙市寻觅，还在寺中诗词酬唱。有书记载，报国寺庙市热闹非凡，人流熙攘，商品五花八门，古董珍玩、字画碑帖、文物古籍、工艺美术品居多，价格便宜，但赝品充塞其间，慧眼识金者可廉价猎奇。

那时报国寺的景观也为京城一绝，前院有双松，后院有毗卢阁，沿三十六级台阶而上，登阁可远眺卢沟桥……所以古代的文人墨客到了京城都爱到报国寺雅游猎奇、吟诗作赋。据传，清初诗坛领袖王士禛，别号王渔洋，官位很高，先后为刑部尚书、大司寇，酷爱文物，常到报国寺书摊买书，他很有鉴赏力，时常发现珍贵善本。那时，名剧《桃花扇》的作者孔尚任，是孔子第六十四代孙，也是康熙赏识的国子监博士，初到京城，多次想求见高官加名士的王渔洋，到府上拜访都吃闭门羹。后来有人别人告诉他："找王渔洋别到家中去，上报国寺旧书摊准能找到他。"孔尚任依言行事，果然在庙市见到仰慕已久的王渔洋。

报国寺古建筑

还有一件轶事是说龚鼎孳的。龚鼎孳是清初三大诗人之一，官居礼部尚书，娶了"秦淮八艳"之一的江南名妓顾眉。顾眉颇有才华，能诗善画，先是给龚鼎孳做妾，后来被扶正为正妻，于是改名为顾横波，人称"横波夫人"。龚尚书家就在报国寺西北，因此常常带着横波夫人同游报国寺。这时就会引得无数风流骚客驻足想一睹横波夫人的芳容，也留下了很多诗文墨迹，形成报国寺独特的文化底蕴。

（三）当今群体大众的文化广场

1907 年，清代名臣湖广总督张之洞建议，为了祭奠清祖忠魂功能，慰藉英烈，对被炮火焚毁的广安门内的报国寺进行修缮，改名昭忠祠。日军侵华后北京沦陷，报国寺被日本从军僧占据。从 1945 年到 1948 年底，报国寺又沦为国民党军河北省田粮处。1989 年，政府斥资，用资三千万余元，历时八年，才将这座古寺修整一新。

现在，寺院朝着多元化方向发展，不仅是一处佛教圣地，而且在寺庙的周边，也新建出许多文化市场。报国寺文化市场就"全国第一"而言就有以下几项：民间收藏产业的第一个倡导者和实践者、全国第一个民间收藏的综合基地、全国第一个收藏市场风向标、全国第一个系统组织交流交换的市场、全国第一个四季举办钱币

北京报国寺中国木器馆

报国寺

交流会的市场、全国第一个举办大众拍卖的市场、全国第一个拥有权威报刊的市场、全国第一个将协会系列引入的市场、全国第一个建立民间收藏馆群落的市场、全国第一个自觉保护文化遗产的市场……市场内有店铺和摊商，古旧陶瓷、珠宝钻翠、古旧家具、中外字画、古旧钟表，玉器古雕、地毯刺锈、金属工艺、奇石根雕，景泰蓝、旧书、钱币、古玩交流应有尽有。

此外，报国寺收藏市场还有十八家收藏馆，每一家都可以说是该收藏领域的一大活动基地，它们不仅为广大收藏者提供了一个免费参观、相互交流的平台，而且

北京报国寺收藏市场

北京报国寺

北京报国寺院内古树

北京报国寺房梁

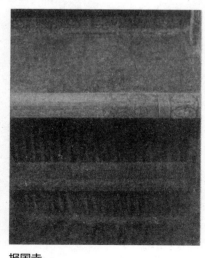

报国寺

也让海内外的旅游者认识了中国历史文化的博大精深。报国寺文化市场还辟出殿堂开设收藏知识讲座，时常请来专家为群众鉴宝，不定期举办藏品展览，还经常举办藏品拍卖，多元化经营使报国寺成为闻名全国的民间收藏活动基地。

报国寺首创性地举办了以收藏为主要内容的文化庙会，丰富了首都市民生活，更增添了北京节日的喜庆气氛。

六 上海报国寺

上海报国寺坐落在碧波荡漾的淀山湖

六　上海报国寺

畔，是一座著名的古庙。报国寺建于明代，因为供奉着三国时期蜀国的名将关羽，所以又叫"关王庙"。明崇祯十三年（1640年）报国寺进行过重修，至今，庙内仍保存着崇祯年间的一块石碑。

在一个世纪以前，报国寺的香火还是极其鼎盛，佛事空前的，但是后来由于战事连绵，这里的大部分建筑被毁，在20世纪40年代末期时，只剩下东、西两殿了。原本殿中还有两块石碑和一口大铜钟，但是因为大钟做工精细，价值连城，也就被人偷走了。寺后有一棵老银杏，树龄已经有1055年了，大约是五代时期种下的，

上海报国寺

报国寺

上海报国寺

是上海地区最古、最大的一株银杏，已被列为市级文物保护单位。如今只有它从容淡定的屹立在淀山湖畔，见证着古寺的沧桑历史，见证着这座城市的荣辱兴衰。

关王庙在20世纪80年代初得以重新修葺，再次成为佛教活动场所，并对外开放。1989年，在上海玉佛寺方丈真禅法师的倡导下，关王庙得以修缮扩建，作为上海玉佛寺下院，取名"报国寺"，意思是佛教四众弟子报恩于国土。1991年又新建

上海报国寺

上海报国寺五观堂

报国寺

了一座观音殿，观音殿上层为玉佛殿，下层供一丈二尺余高的香樟木观音佛像。建成后的报国寺，总占地面积达 38.5 亩，建筑面积 5000 多平方米，气势恢弘，令人惊叹。报国寺地处淀山湖畔，风景秀丽，交通便捷，成为广大善男信女的拜佛朝圣的一方名寺。